Dinero en todo el mundo

Ahorrar dinero

Rebecca Rissman

Heinemann Library
Chicago, Illinois

Customer Service 888-454-2279
Visit our website at www.heinemannraintree.com

Designed by Joanna Hinton-Malivoire
Photo Research by Tracy Cummins and Heather Mauldin
Printed in China by South China Printing Company Limited
Translation into Spanish by DoubleO Publishing Services

ISBN-10: 1-4329-1918-0 (hc) -- ISBN-10: 1-4329-1923-7 (pb)
ISBN-13: 978-1-4329-1918-4 (hc) -- ISBN-13: 978-1-4329-1923-8 (pb)

13 12 11 10 09
10 9 8 7 6 5 4 3 2 1

Library of Congress Cataloging-in-Publication Data

Rissman, Rebecca.
  [Saving money. Spanish]
  Ahorrar dinero / Rebecca Rissman.
    p. cm. -- (Dinero en todo el mundo)
  Includes index.
  ISBN-13: 978-1-4329-1918-4 (hardcover)
  ISBN-10: 1-4329-1918-0 (hardcover)
  ISBN-13: 978-1-4329-1923-8 (pbk.)
  ISBN-10: 1-4329-1923-7 (pbk.)
 1. Finance, Personal--Juvenile literature. 2. Saving and investment--Juvenile literature. I. Title.
  HG179.R54218 2008
  332.024--dc22
                    2008031557

Acknowledgments
The author and publisher are grateful to the following for permission to reproduce copyright material: ©AFP p. **13** (Getty Images/ SAIF DAHLAH); ©Age Fotostock pp. **10**, **23a** (Flying Colours Ltd.), **17** (Picture Partners), **20** (Glowimages); ©Alamy pp. **5** (Peter Titmuss), **18** (Rob Walls), **19** (Peerpoint); ©CORBIS p. **6** (Ronnie Kaufman); ©Getty Images pp. **4** (Nick Dolding), **7** (AFP/Teh Eng Koon), **8** (Kristjan Maack), **11** (Robert Nickelsberg), **12**, **23b** (Don Smetzer), **14** (Yann Layma), **15** (Ken Chernus), **16**, **23c** (Zubin Shroff), **21** (Elyse Lewin), **22a** (Nick Dolding), ; ©The World Bank pp. **9**, **22b** (Eric Miller).

Cover photograph reproduced with permission of ©agefotostock (Angelika Antl).
Back cover photograph reproduced with the permission of Age Fotostock (Flying Colours Ltd).

Every effort has been made to contact copyright holders of any material reproduced in this book. Any omissions will be rectified in subsequent printings if notice is given to the publisher.

Contenido

Ahorrar dinero

Las personas pueden ahorrar dinero.

Las personas ahorran dinero para luego comprar cosas.

Las personas ahorran dinero para comprar cosas grandes.

Las personas ahorran dinero para comprar cosas pequeñas.

Las personas ahorran dinero por poco tiempo.

Las personas ahorran dinero por
mucho tiempo.

Las personas ahorran dinero en alcancías.

Las personas ahorran dinero en
los bancos.

Necesidades

Las personas ahorran dinero para
comprar cosas que necesitan.

Las personas ahorran dinero para comprar comida.

Las personas ahorran dinero para comprar ropa.

Las personas ahorran dinero para comprar casas.

Deseos

Las personas ahorran dinero para comprar cosas que desean.

Las personas ahorran dinero para
comprar juguetes.

Las personas ahorran dinero para comprar libros.

Las personas ahorran dinero para
ir de viaje.

Dinero en todo el mundo

Las personas ahorran dinero en todo
el mundo.

Las personas ahorran dinero para luego usarlo.

Maneras de ahorrar dinero

◄ Alcancía

◄ Banco

Glosario ilustrado

necesidades aquello que las personas deben tener. La comida, la ropa y la vivienda son necesidades.

ahorrar guardar o almacenar

deseos aquello que las personas no necesitan. Los juguetes, los libros y los televisores son deseos.

Índice

Nota a padres y maestros

Antes de leer: Pregunte a los niños si alguna vez han visto un banco. Luego, pregúnteles si tienen una alcancía en su casa. Anime a los niños a pensar en las razones por las que las personas usarían un banco o una alcancía.

Después de leer: Comente con los niños que las personas suelen ahorrar dinero para comprar cosas más adelante. Haga una lista de cosas que las personas compran con el dinero ahorrado. Explíqueles que algunas cosas cuestan más dinero que otras. Pida a los niños que enumeren bienes y servicios costosos y baratos.